Bleistiftspitzen III

„Auf zu neuen Streichen"

Cartoons von Detlef, Helga und Freunde.

Mit Stift und Pinsel, flüssig, schwungvoll, ungestüm,
mal farblos dann wieder farbenfroh,
ziehen sich die Cartoons über anregenden Seiten,
um Ihnen ein schmunzeln ins Gesicht zu zaubern.
„Was würde ich nur machen, ohne Euch, den vielen Detlefs und Helgas
in unseren Städten, öffentlichen Verkehrsmittel, Einkaufsläden,
selbst im Urlaub traf ich Euch, besten Dank und weiter so.

Liebe Alexandra, lieber Paul, Ihr erstaunt mich immer wieder,
Eure Güte und Eure Kraft, motivierten mich jeden Tag aufs Neue,
lieben Dank.

Samwill

Impressum

Bibliografische Information der Deutschen Nationalbibliothek:
Die Deutsche Nationalbibliothek verzeichnet diese Publikation in der Deutschen
Nationalbibliografie; detaillierte bibliografische Daten sind im Internet über http://dnb.dnb.de
abrufbar.

Lektorat: Samuel Wilhelm Benner
Korrektorat: Samuel Wilhelm Benner

Herstellung und Verlag: BoD – Books on Demand, Norderstedt

ISBN: 9783758302398

FSC
www.fsc.org
MIX
Papier aus ver-
antwortungsvollen
Quellen
Paper from
responsible sources
FSC® C105338

„WISSEN SIE, IN DER KLEINSTEN KNEIPE, IST ES IMMER NOCH BESSER ALS IM SCHÖNSTEN BÜRO"

WIE WÄRE ES DENN WIEDER MAL MIT ETWAS ABWECHSLUNG IN UNSERER EHE?
JA, WIR KÖNNTEN JA MAL WIEDER DIE PLÄTZE TAUSCHEN!

„Junge, mach dir keine Sorgen um
einen Job; Ich z.B., ich kann Essen
und trinken was ich will, mir
schmeckt einfach keine Arbeit"!

...und ich sage es dir jetzt nochmal, eine Eintagsfliege, ist für Mama in Australien ein unpassendes Geschenk!

„ICH MAG JETZT NICHTS HÖREN!
DOCH MÄNNER HABEN EBEN AUCH MAL IHRE TAGE"

Na was
schauste?

16

Und?
Wie Isser?

18

IRGENDWANN KAM DAS IN MODE,
KINDER FÜR JEDE SCHEIßE ZU
LOBEN. UND JETZT DENKEN
20-JÄHRIGE,   SIE SEIEN
DIE GEILSTEN,   WEIL SIE
KACKEN   KÖNNEN.
SAMWILL
10.23

NEULICH IST MIR DAS BRETT VORM KOPF
IM HALS STECKEN GEBLIEBEN, GLAUBEN
SIE MIR, IST BEIDES NICHT DER HIT.

„Hallo; Mein Name
ist UMBERTO. Ich bin gekommen,
um ihre Tochter zu vögeln."
„Um was?"
„Umberto!"

Helga: „Gestern habe ich
meiner Schwester
erzählt, daß ich in
den Urlaub fahre."
Detlef: „Und"?
Helga: „Sie hat gesagt:
Urlaubsreise oder
Erholungsreise"?
Detlef: „Und"?
Helga: „Urlaubsreise hab
ich gesagt, weil
Detlef ja mitfährt"!
Detlef: „Ich finde, deine
Einstellung mir
gegenüber sollten
wir noch einmal
überdenken".
Helga: „Ach Detlef".

Bevor ich
sterbe, schludre
ich eine
Packung
Maiskörner,
um die
Einascherung
etwas
intressanter
zu gestalten.

SAMWILL
6·23

KENNT IHR
DEN UNTER-
SCHIED
ZWISCHEN
EINEM SCHNEE-
MANN UND MIR?
DEN SCHNEE-
MANN KANN
MAN NUR IM
WINTER
AMARSCH
LECKEN!
SCHWILL
6. 23

ICH HAB SCHON VIEL
IM BETT PROBIERT.
AM BESTEN GEFÄLLT
MIR EIS UND PIZZA

Also mal ganz
ehrlich, ich
steh ja mehr
auf Frauen
ganz ohne
Penis.

Schau mal Helga
was ich gemacht habe!
Kann ich auch ganz toll
ohne Handy!

„Irgendwie habe
ich's immer
schon gewußt!"

Achtung!!

Kröten-
Lust
Zeit

München
10 Km
München
11 Km
S-PD

„Detlef, auch wenn das Essen versalzen war brauchst du keine solche Schau abzuziehen!"

MUTTI KANN
ES BESSER
HÄT DER
JETZT
GEFURZT?

ICH MACH DIÄT
.....ODER TRAINIEREN
.....VIELLEICHT ABSAUGEN
BESSER ORGAN SPENDE

SERVUS DETLEF, WIE WAR ES IN' ÖSTERREICH?
DIE ÖSTERREICHER SIND KOMISCHE LEUTE, VIELE WOLLTEN, DASS ICH SIE MAL AM OHR SCHLECKE.

Ihr Po macht mich froh,
ihr Gesicht eher nicht.

Helga, wir sind schon so lange verheiratet... Wir paarschimmeln jetzt!

SIE HABEN KEINE
NEUEN NACHRICHTEN

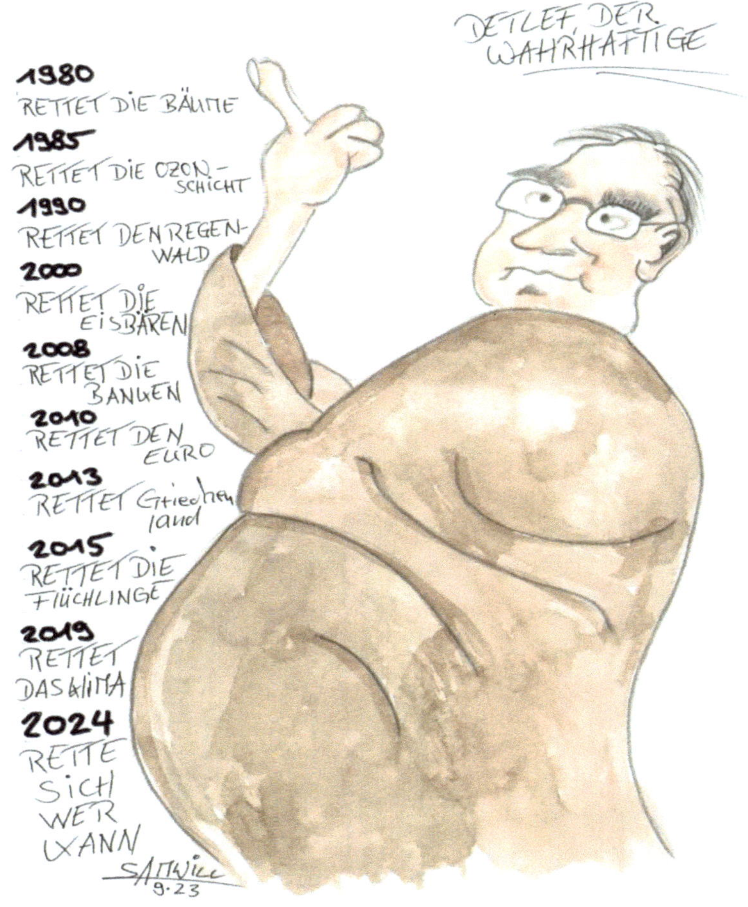

DETLEF, DER WAHRHAFTIGE

1980
RETTET DIE BÄUME
1985
RETTET DIE OZON-SCHICHT
1990
RETTET DEN REGEN-WALD
2000
RETTET DIE EISBÄREN
2008
RETTET DIE BANKEN
2010
RETTET DEN EURO
2013
RETTET Griechenland
2015
RETTET DIE FLÜCHLINGE
2019
RETTET DAS KLIMA
2024
RETTE SICH WER KANN

SAMWILL
9.23

WENN ICH'S NICHT
GESEHEN HÄTTE,
WÜRDE ICH'S
NICHT GLAUBEN.!!

MANCHMAL TRIFFST DU
JEMANDEN UND WEIßT
VOM ERSTEN MOMENT AN,
DU WILLST DEIN. GANZES
LEBEN OHNE IHN
VERBRINGEN

EPILOG

Das Eintreten in die Phase der erreichten 60 Jahre, begann für mich erst
nur leise spürbar. Bis sich dieser Abschnitt meines Lebens mit Vehemenz
bemerkbar machte und ich zuerst verwirrt mit den körperlichen und
seelischen Beeinträchtigungen umzugehen versuchte.

Ich habe mich daraufhin intensiv mit dem Thema „Burn-out und
Depressionen" auseinandergesetzt, viel in Erfahrung gebracht, und auch
ärztlichen Rat eingeholt. Während dieser Zeit, in der Burn-out und
Depressionen meinen Alltag belasteten, vertiefte sich die Beziehung zu
meinem ICH. Es war wohltuend, diese seelischen und körperlichen
Erfahrungen zu verarbeiten.
Heute, 2023, lebe ich nun schon 64 Jahre,
gerne darf es sich nun so weiterleben.
Die Zeichnungen hier sind nicht nur Bilder,
für mich sind es geschriebene Bilder des Lebens.
Danke für Ihren Kauf des Buches, empfehlen Sie mich gerne weiter, und
hinterlassen Sie auf meiner Website bitte einen Eintrag im Gästebuch.
Alles Gute Ihnen. www.samwill-art.de